AF221019

Zum Verständnis der biblischen Schöpfungstage aus der Sicht der Anthroposophie

„So wird es unsere nächste Aufgabe sein, so wenig wie möglich an Bekanntes anzuknüpfen und so viel wie möglich uns freizumachen von alledem, was wir bisher uns vorstellten, wenn wir von Himmel und Erde, von Göttern, von Erschaffen und Schaffen und von einem Urbeginne sprechen" (Rudolf Steiner, GA 122, Seite 33).

Bibliografische Information der Deutschen Nationalbibliothek:
Die Deutsche Nationalbibliothek verzeichnet diese Publikation
in der Deutschen Nationalbibliografie; detaillierte bibliografische Daten sind im Internet über dnb.dnb.de abrufbar.

Herstellung und Verlag: BoD – Books on Demand, Norderstedt

ISBN: 978-3-7519-2491-7

Inhaltsverzeichnis:

Vorbemerkung

1. Einleitung

2. Übersicht über die biblischen Schöpfungstage

3. Zum Verständnis der Schöpfungstage aus der Sicht der Anthroposophie

4. Zur Entwicklung der Welt, insbesondere in den geisteswissenschaftlichen Zeitaltern
4.1 Übersicht zur zeitlichen Gliederung
4.2 Entwicklungsprinzipien im polarischen, hyperboräischen und lemurischen Zeitalter
4.3 Zum Verständnis und zur Entwicklung der Äther und der Elemente
4.4 Markante Ereignisse im polarischen, hyperboräischen und lemurischen Zeitalter

5. Steiners Zuordnung der sieben biblischen Schöpfungstage zum polarischen, hyperboräischen und lemurischen Zeitalter
5.1 Der erste Tag
5.2 Der zweite Tag
5.3 Der dritte Tag
5.4 Der vierte Tag
5.5 Der fünfte Tag
5.6 Der sechste Tag
5.7 Der siebte Tag

5.8 Bewertungen des Verfassers

6. Vorschlag des Verfassers zur Zuordnung

7. Hinweise zu den Geschehnissen nach den sieben Schöpfungstagen

Literaturverzeichnis

Autobiografische Notiz

Vorbemerkung

Wenn man sich mit der biblischen Schöpfungsgeschichte näher befassen will, so ist es ratsam, verschiedene Bibel-Übersetzungen zu vergleichen. Denn einerseits erlaubt der Urtext offenbar einige Interpretationsmöglichkeiten und andererseits fließen die Anschauungen der Bearbeiter bzw. der Herausgeber in die jeweilige Übersetzung ein. An den ersten beiden Versen des 1. Buch Mose, Kap. 1, soll dies veranschaulicht werden:

Jubiläumsbibel, Heilige Schrift des Alten und Neuen Testaments (1964):
„1 Am Anfang schuf Gott Himmel und Erde. 2 Und die Erde war wüst und leer, und es war finster auf der Tiefe; und der Geist Gottes *schwebte auf dem Wasser. *wörtlich: brütete"

Einheitsübersetzung (Universität Innsbruck 2008) und Katholische Pfarrei St. Jakobus (Ockstadt, 2020):
„1 Im Anfang schuf Gott Himmel und Erde; 2 die Erde aber war wüst und wirr, Finsternis lag über der Urflut und Gottes Geist schwebte über dem Wasser."

Zürcher Bibel (1942):
„1 Im Anfang schuf Gott den Himmel und die Erde. 2 Die Erde war aber wüst und öde, und Finsternis lag auf der Urflut, und der Geist Gottes schwebte über den Wassern."

Buber, M. und Rosenzweig, F.: Verdeutschung der Schrift (2007):
„1 Im Anfang schuf Gott den Himmel und die Erde. 2 Die Erde aber war Irrsal und Wirrsal. Finsternis über Urwirbels Antlitz. Braus Gottes schwingend über dem Antlitz der Wasser".

<u>Klemp, E.: Das Schöpfungs-Wort – Eine Übertragung aus</u>
<u>Genesis, Kapitel 1 bis 9 nach dem Hebräischen (1995):</u>
„1 Im Beginn schuf die Gottesmacht, zu der die Seele in scheuer Ehrfurcht aufblickt, ELOHIM, Himmel und Erde aus Welt-Erinnerung. 2 Und die Erde trat ins Dasein Tohu Wa Bohu – geist-erstrahlend und neue Gestaltung ersehnend – und Finsternis war auf dem Antlitz des Weltgrundes und im Luft-Element der Geist der Elohim wärmekraftend über dem Antlitz der Wasser."

Die vorstehende Textauswahl zeigt, dass es empfehlenswert ist, mit einer gewissen Offenheit an den Bibeltext sowie an die verschiedenen Auffassungen hierzu heranzugehen. So ist es möglich, mit neuen Gedanken und neuen Empfindungen sich einem alten Text zu nähern.

1. Einleitung

In seinem Vortragszyklus „Die Geheimnisse der biblischen Schöpfungsgeschichte" (GA 122) hat sich Steiner im Jahre 1910 eingehend mit den biblischen Schöpfungstagen und teilweise mit den daran anschließenden biblischen Darstellungen befasst. Dabei hat er etliche Erläuterungen zum Bibeltext gegeben und Querbezüge zu den Entwicklungsabläufen der Welt und des Menschen hergestellt, wie er sie in anderen geisteswissenschaftlichen Veröffentlichungen dargestellt hat, z.B. in seinen Büchern „Aus der Akasha-Chronik" (GA 11) und „Die Geheimwissenschaft im Umriss" (GA 13).

Auch in anderen Vorträgen hat sich Steiner zur biblischen Schöpfungsgeschichte geäußert. In diesem Zusammenhang seien nur drei Vorträge erwähnt, die er ein paar Jahre vor dem o.g. Vortragszyklus gehalten hat, nämlich am 08.12.1903 (GA 88, S. 216–223), am 09.06.1904 (GA 89, Seite 107–119) und am 13.11.1907 (GA 101, Seite 101–115). In diesen Vorträgen werden die biblischen Schöpfungstage z.T. aber ganz anders interpretiert als in dem Vortragszyklus im Jahre 1910.

Im Folgenden sollen nur die zehn Vorträge dieses Zyklus näher betrachtet werden. Die Darstellungen hierin stellen inhaltlich ein großes Ganzes dar. Da aber nicht ohne Weiteres ersichtlich ist, wie die Schöpfungstage im Einzelnen den anthroposophisch-geisteswissenschaftlichen Zeitaltern zugeordnet werden können, soll hierzu eine textliche Analyse und ein Vorschlag erarbeitet werden. Eine solche Synthese kann zu einem neuen Verständnis der Schöpfungsgeschichte beitragen.

2. Übersicht über die biblischen Schöpfungstage
Zur besseren Übersicht seien hier zunächst die „Taten" der Elohim in den sieben Schöpfungstagen kurz zusammengefasst:

Abb. 1: Die biblischen Schöpfungstage

1. Tag	2. Tag	3. Tag	4. Tag	5. Tag	6. Tag	7. Tag
Die Elohim erschaffen Himmel und Erde. Die Erde als Tohuwabohu, Finsternis Die Elohim brüten über dem bewegten Element (Wärme) Der Lichtäther erscheint. Trennung von Licht und Finsternis	Trennung der Elemente: Luft und Wasser	Trennung der Elemente: Wasser und Erde Pflanzenarten	Lichter am Himmel: Sonne, Mond und Planeten	Vogel- und Wassertierarten	Erdentierarten, Erdenmensch (männlich-weiblich)	Vollendung der Schöpfung Die Elohim ruhen.

(vgl. die o.g. Bibelausgaben bzw. -übersetzungen sowie GA 122)

3. Zum Verständnis der Schöpfungstage aus der Sicht der Anthroposophie

Steiner trifft in seinem Vortragszyklus „Die Geheimnisse der biblischen Schöpfungsgeschichte" (GA 122) einige grundlegende Aussagen, die für das Verständnis der Schöpfungsgeschichte und die Zuordnung zu den anthroposophischen Zeitaltern von Bedeutung sind:

1.) Er betont die Unabhängigkeit seiner geisteswissenschaftlichen Forschungen. Erst nachdem er zu einer Gesamtsicht des Schöpfungsgeschehens gekommen war – z.B. so wie in der Akasha-Chronik und der Geheimwissenschaft – habe er seine Erkenntnisse mit dem biblischen Schöpfungsbericht verglichen und dabei weitgehende Übereinstimmungen festgestellt (vgl. GA 122, Seite 85).

2.) Es bestünden einige grundsätzliche Schwierigkeiten, die eine Parallelisierung der geisteswissenschaftlichen Tatsachen mit den entsprechenden Bibelstellen bereitet. „Wenn man gewissenhaft vorgeht, so bietet das eine außerordentlich schwierige Arbeit" (GA 122, Seite 187). Er spricht auch von einem besonderen Verantwortungsgefühl und einer gewissen heiligen Scheu bei dieser Arbeit (vgl. GA 122, Seite 44).

3.) Nicht zuletzt müsse man sich klarmachen, dass der Bibeltext in hebräischer Sprache überliefert wurde, und dieser hebräische Text eine andere Wirkung auf die Seele entfalten kann als irgendeine moderne Sprache (vgl. GA 122, Seite 32). Insbesondere sei es wichtig, die Empfindungen zu vergessen, die bei den üblichen Übersetzungen in moderne Sprachen hervorgerufen werden (vgl. GA 122, Seite 45). Es wäre daher eine außergewöhnliche Herausforderung, den hebräischen

Text angemessen in eine heutige Sprache zu übertragen (vgl. GA 122, Seite 188 f).

4.) Die in der Genesis genannten Schöpfer-Wesenheiten werden im 1. Kapitel des 1. Buches Mose als Elohim und im 2. Kapitel dieses Buches als Jahve-Elohim bezeichnet. Die Elohim werden in der Mehrzahl genannt. Steiner führt dazu aus, dass es sieben Elohim waren und ordnet sie in der Engel-Hierarchienordnung den Geistern der Form (Exusiai oder Gewalten) zu (vgl. GA 122, Seite 86 f und GA 98, Seite 229).

Durch ihre Schöpfertätigkeit − insbesondere durch ihre Arbeit am Menschen − entwickelten sich die Elohim höher, sie verschmolzen zu einer Einheit, ihre Siebenheit wurde ein Ganzes. „Und diese reale Einheit der Elohim, in welcher die einzelnen Elohim tätig als Glieder, als Organe wirken, nennt die Bibel Jahve-Elohim." ... „Das ist der tiefere Grund, warum am Ende des Schöpfungswerkes der Jahvename plötzlich auftritt" (GA 122, Seite 124).

5.) Steiner betont auch, dass die Taten der Elohim und des Jahve-Elohim, wie sie im 1. und im 2. Kapitel des 1. Buch Mose dargestellt sind, aufeinander folgende Abläufe sind. Es handele sich nicht um dieselbe Schöpfungsgeschichte aus verschiedenen Quellen (vgl. GA 122, Seiten 124, 125 und 163).
[Die frühere Quellentheorie, nach der die ersten Kapitel des 1. Buches Mose aus einer elohistischen und einer jahvistischen Quelle stammen, ist überholt. Dies sieht auch Bräumer unter Bezug auf mehrere Bibelforscher so (vgl. Bräumer 1986, Seite 21 ff: „Zur Widerlegung der Quellentheorie")].

6.) Heutige Augen hätten die Geschehnisse des Schöpfungswerks nicht sehen können, denn es handelte sich um elementarische und ätherische Vorgänge (vgl. GA 122, Seiten 62, 81,
82 und 186):

„Dasjenige, was man die Genesis nennt, beginnt nicht mit der
Darstellung irgendeines Sinnlichen, nicht mit der Darstellung
von irgend etwas, was Augen sehen könnten in der äußeren
physischen Welt" (GA 122, Seite 31 f).

„Mit den Schöpfungstagen sind geistige Werdezustände
gemeint, die nur durch die hellseherische Forschung erfaßbar
sind, und gemeint ist, daß das Physische nach und nach aus
dem Geistigen sich herausbildet" (GA 122, Seite 186).

„So wird es unsere nächste Aufgabe sein, so wenig wie möglich an Bekanntes anzuknüpfen und so viel wie möglich uns
freizumachen von alledem, was wir bisher uns vorstellten,
wenn wir von Himmel und Erde, von Göttern, von Erschaffen
und Schaffen und von einem Urbeginne sprechen" (GA 122,
Seite 33).

7.) Auch alle Lebewesen, die im Sechstagewerk genannt
werden, seien noch nicht diejenigen, die später in materieller
Verdichtung auf unserer Erde leben; sie seien nur übersinnlich
wahrnehmbar (vgl. GA 122, Seite 71 f).

8.) Die biblische Schöpfungsgeschichte bezöge sich - wie
auch die diesbezüglichen geisteswissenschaftlichen Darstellungen - auf unser Sonnensystem. Mit den meist als Sterne
bezeichneten Himmelskörpern im Bibeltext seien die Planeten
gemeint (vgl. GA 122, Seiten 78 und 169).

9.) Steiner parallelisiert den Beginn der Schöpfungsgeschichte
mehrfach mit der Trennung der Sonne von der Erde (also etwa

mit der Mitte des hyperboräischen Zeitalters) (vgl. GA 122, Seiten 159 und 175).

Andererseits führt er aus, dass die Schöpfungsgeschichte mit der Wiederholung des alten Saturnzustands beginnt (vgl. GA 122, Seiten 79, 83 und 95). Demnach würde der Beginn bereits an den Anfang des polarischen Zeitalters fallen. (Die geisteswissenschaftlichen Zeitalter und die Frage des Beginns des Schöpfungswerks sollen unten noch näher erläutert und erörtert werden.)

10.) Das Ende des Sechs- bzw. Siebentagewerks parallelisiert Steiner mit dem Austritt des Mondes aus der Erde in der Mitte des lemurischen Zeitalters: „Alles das ist mit dieser Genesis-schilderung gemeint, was da erfolgt bis hinein in die lemuri-schen Zeiten, bis zur Mondentrennung" (GA 122, Seite 175).

11.) Die Schöpfungstage seien keine Tage im heutigen Sinne: „Fassen Sie einmal das Wort jom, das da in der Genesis steht und das gewöhnlich wiedergegeben wird mit «Tag», als geistige Wesenheit auf, dann haben Sie diejenigen Wesenheiten, die in der Hierarchie um eine Stufe unter den Elohim stehen, deren die Elohim sich bedienen als untergeordnete Geister. Da, wo die Elohim durch ihre höheren, ordnenden Kräfte gewirkt hatten, daß Licht werde, da stellten sie an seinen Platz jom, die erste Wesenheit, den ersten der Zeitgeister oder Archai im Sinne dieser Urworte. So sind diese geistigen Wesenheiten, die wir Geister der Persönlichkeit oder Urbeginne nennen, dasselbe, was da als Zeiträume, als «Tag», als jom genannt wird" (GA 122, Seite 91).

12.) Im Sechstagewerk werden die elementarischen Zustände teils direkt, teils indirekt - in der bekannten Reihenfolge:

Wärme, Luft, Wasser und Erde - genannt (vgl. GA 122, Seite 82 ff).

Außerdem lässt der Schöpfungsbericht das Licht (gemeint ist der Lichtäther) deutlich in Erscheinung treten, während der Klang- und der Lebensäther nicht ausdrücklich genannt werden (vgl. hierzu aber die unten stehenden Erläuterungen Steiners).

„Wenn wir also die mehr feineren Elemente unseres Erdenwesens betrachten, so sehen wir in dem, was die drei ersten Schöpfungstage genannt wird, eine aufeinanderfolgende Wirksamkeit von Wärme, Licht, Schalläther und Lebensäther, und in dem in sich Erregten, in sich Belebten sehen wir gleichzeitig die Verdichtungszustände sich entfalten, aus der Wärme die Luft, dann das Wasser und das Feste, das Erdige, in der Art, wie ich es Ihnen dargestellt habe. So weben ineinander die Verdichtungs- und Verdünnungszustände, und ein einheitliches Weltbild unseres Erdenwerdens erringen wir uns so" (GA 122, Seite 86).

„Ich mache ausdrücklich noch einmal, damit gar nichts undeutlich bleibt in dieser Auseinandersetzung, klar, daß das, was als Erdiges oder als Festes bezeichnet wird, nicht verwechselt werden darf mit dem, was die heutige Wissenschaft als Erdiges bezeichnet. Was hier in unseren Auseinandersetzungen so bezeichnet wird, das ist etwas, was in unserer Umgebung nicht unmittelbar zu sehen ist. Und davon ist auch die Rede in der Genesis, wenn man sie recht versteht. Von diesen vier Zuständen müssen wir also dann sagen, zum Verständnis der Genesis, daß sich die drei ersten in unserem Erdendasein in irgendeiner Weise wiederholen müssen, der vierte aber als ein neuer auftritt innerhalb unseres Erdendaseins" (GA 122, Seite 81 f).

13.) Wesentliche Teile des Schöpfungsberichts schildern Wiederholungen von Zuständen in den vergangenen großen Kreisläufen. Dabei betont Steiner auch, dass die Wiederholungen in nicht ganz eindeutiger Weise geschehen, sondern gleichsam übereinander greifen (vgl. GA 122, Seiten 62 bis 64, 75 und 84).

14.) Im Unterschied zur Bibel sieht Steiner eine Parallelität zwischen der Entwicklung der elementarischen und ätherischen Zustände einerseits und der Entwicklung der Lebewesen andererseits (vgl. GA 13, Seite 242 f).
In der hier maßgeblichen Vortragsreihe wurde diese Parallelität auch angedeutet, z.B. am 3. Schöpfungstag bei dem „Hereinzucken" des Lebensäthers und den Folgen für das Leben der Pflanzen (vgl. GA 122, Seite 85) sowie am 5. Schöpfungstag, als die Erde mit Luft und Wasser erfüllt war und sich die Wesen der Luft und des Wassers entfalteten (vgl. GA 122, Seite 149).

4. Zur Entwicklung der Welt, insbesondere in den geisteswissenschaftlichen Zeitaltern

4.1. Übersicht zur zeitlichen Gliederung

Um alle übersinnlichen und ggfs. physisch-materiellen Entwicklungsschritte der Welt und der Lebewesen einordnen zu können, wird ein geeignetes zeitliches Grundgerüst benötigt. Dazu wird die folgende von Steiner vielfach vorgetragene Gliederung verwendet (vgl. GA 11, Seite 196 ff: „Das Leben der Erde", GA 13, Seite 137ff : „Die Weltentwicklung und der Mensch" und GA 104 „Die Apokalypse des Johannes", 10. und 11. Vortrag):

Abb. 2: Zeitliche Gliederung der Weltentwicklung bis zur Gegenwart nach Rudolf Steiner

Ebene A: große Kreisläufe	Ebene B: Runden	Ebene C: Formzustände	Ebene D: Zeitalter	Ebene E: Kulturepochen
Alter Saturn				
Alte Sonne				
Alter Mond				
Erde	1. Runde			
	2. Runde			
	3. Runde			
	4. Runde **"Mineralreich"**	Arupa-Stufe		
		Rupa-Stufe		
		astralische Stufe		
		physische Stufe	polarisches Zeitalter	
			hyperboräisches Zeitalter	
			lemurisches Zeitalter	
			atlantisches Zeitalter	
			nachatlantisches Zeitalter	urindische Epoche
				urpersische Epoche
				ägypt.-chald. Epoche
				griech.-röm. Epoche
				germ.-angels. (gegenwärtige) Epoche

Wie man üblicherweise Jahre, Monate, Wochen, Tage und Stunden unterscheidet, so gliedert Steiner die Abläufe der Weltentwicklung in 5 „zeitliche" Ebenen:

A) große Kreisläufe (oder Bewusstseinsstufen),
B) Runden (oder kleine Kreisläufe),
C) Formzustände (oder Globen),
D) Zeitalter und
E) Epochen (oder Kulturepochen).

Die Ebenen A bis D sind grundsätzlich in jeweils sieben Abschnitte untergliedert. Nach den großen Kreisläufen des Alten Saturns, der Alten Sonne und des Alten Mondes befindet sich die Menschheit nun im großen Kreislauf der heutigen Erde. Es ist wichtig, darauf hinzuweisen, dass mit diesen Planeten-Bezeichnungen nicht die heutigen Planeten gemeint sind, sondern frühere Entwicklungszustände des gesamten Sonnensystems.
Innerhalb des Erdenkreislaufs sind bereits drei Runden vergangen und die heutige vierte Runde bezeichnet Steiner als „Mineralreich". Innerhalb dieses „Mineralreichs" befinden wir uns derzeit im 4. Formzustand: der physischen Stufe.

Die ersten 5 Zeitalter der physischen Stufe werden wie folgt bezeichnet:

1. polarisches Zeitalter,
2. hyperboräisches Zeitalter,
3. lemurisches Zeitalter,
4. atlantisches Zeitalter und
5. nachatlantisches Zeitalter.

Von diesen 5 Zeitaltern sind die ersten 3 in der Tabelle grau markiert, weil sie für die angestrebte Parallelisierung maßgeblich sein werden.

Es soll nicht unerwähnt bleiben, dass Steiner das oben skizzierte Grundgerüst als ein nur äußerliches Gerüst bezeichnet, das dem physischen Denken entspricht. Es sei für die übersinnliche Erkenntnis nur bedingt brauchbar (vgl. GA 104, Seite 205 f). Trotzdem wird es für den angestrebten Vergleich hilfreich sein.

4.2 Entwicklungsprinzipien im polarischen, hyperboräischen und lemurischen Zeitalter

Folgende Entwicklungsprinzipien ziehen sich wie ein roter Faden durch diese Zeitalter hindurch:

1.) Alle Ausführungen beziehen sich auf Entwicklungen unseres Sonnensystems.
2.) Die Entwicklung ist zunächst rein übersinnlicher Natur und erst ab einem bestimmten Zeitpunkt treten physisch-materielle Zustände hinzu.
3.) Wichtige Entwicklungsschritte liegen meist in der Mitte der Zeitalter.
4.) In den drei genannten Zeitaltern werden zunächst frühere Zustände wiederholt, bevor neue Entwicklungen einsetzen können.
5.) Innerhalb der nur übersinnlich wahrnehmbaren Welt findet Schritt für Schritt eine Verdichtung elementarischer und parallel dazu eine Verdünnung ätherischer Zustände statt. (vgl. GA 11, Seite 169 ff und GA 13, Seite 137 ff)

4.3 Zum Verständnis und zur Entwicklung der Äther und der Elemente

Zunächst seien einige Hinweise zu den von Steiner häufig verwendeten Begriffen „Äther", „ätherisch", „Element" und „elementarisch" gegeben.
Steiner unterscheidet vier verschiedene Ätherarten, die nacheinander im Zuge der Weltentwicklung entstanden sind: den Wärmeäther, den Lichtäther, den Klangäther (auch als chemischer Äther bezeichnet) und den Lebensäther.

„Wir leben hier auf der Erde in der physischen Welt, das ist in derjenigen Welt, die durch alles das charakterisiert ist, was wir durch unsere Sinne sehen und durch unseren irdischen Verstand begreifen. Aber in dieser Welt gibt es nichts, was nicht durchsetzt ist von der ätherischen Welt. Diese physische Welt, die wir sehen, die wir hören und so weiter, ist überall von der ätherischen Welt durchsetzt" (GA 212, Seite 113).

„Natürlich, an sich ist auch der Äther für physische Sinne zunächst unwahrnehmbar. Wenn Sie, wenn ich mich so ausdrücken darf, ein kleines Stück Äther anschauen, so sehen Sie mit den physischen Sinnen nichts, Sie sehen einfach durch; es ist der Äther wie nichts" (GA 236, Seite 238 f).
„Wenn Sie in den Äther hineinsegeln, dann müssen Sie wirklich von der Sinneswelt durchbrechen in eine andere Welt, wo gerade die trivialsten Gesetze der Sinneswelt nicht mehr gelten" (GA 224, Seite 97).
„Das Wort «Äther» wird hier in einem andern Sinne gebraucht, als dies von der gegenwärtigen Physik geschieht. Diese bezeichnet z.B. den Träger des Lichtes als Äther. Hier soll aber das Wort in dem Sinne begrenzt werden, der oben angegeben worden ist. [Anmerkung des Verfassers: Mit dem oben angegebenen Sinn meint Steiner „jenes Verborgene, das

in dem physischen Leibe den Kampf gegen den Zerfall führt". In diesem Zusammenhang nennt er auch den Äther- oder Lebensleib als selbständiges Glied des Menschen.] Es soll angewendet werden für dasjenige, was dem höheren Schauen zugänglich ist und was sich für die Sinnesbeobachtung nur in seinen Wirkungen zu erkennen gibt, nämlich dadurch, daß es den im physischen Leibe vorhandenen mineralischen Stoffen und Kräften eine bestimmte Form oder Gestalt zu geben vermag" (GA 13. Seite 54 f).

Außerdem differenziert Steiner zwischen vier Elementen: Feuer (oder Wärme), Luft, Wasser und Erde, die ebenfalls im Zuge der Weltentwicklung – parallel zu den o.g. Ätherarten - entstanden sind:
„Wenn in geisteswissenschaftlichen Büchern von Erde und Wasser geredet wird, so ist das gemeint, was ich Ihnen eben beschrieben habe, nicht physisches Wasser... In der elementa-rischen Welt ist Wasser etwas, was sich sozusagen ergießt, was durchgreifbar ist, natürlich nicht für die physischen Sinne, sondern für die höheren Sinne des Eingeweihten, für das geistige Wahrnehmungsvermögen" (GA 119, Seite 159 f).
Die elementarische Welt ist die Welt der Beweglichkeit, die Welt der Metamorphose, der Verwandlung (GA 147, Seite 53).

Allerdings trennt Steiner die Begriffe Äther und Element bzw. ätherisch und elementarisch nicht immer präzise voneinander, sie werden aber qualitativ unterschiedlich charakterisiert. Hierfür seien folgende Beispiele genannt:
„Auf der anderen Seite müssen wir auch darauf hinweisen, daß ebenso wie die niedrigen Elemente, Erde, Wasser, Luft, so auch die höheren Elemente, die ätherischen Elemente, Licht, der chemische Äther, der Lebensäther, gewissermaßen bewohnt sind von elementarischen Wesenheiten. Nur unter-

scheiden sich diese elementarischen Wesenheiten sehr stark von den Elementarwesenheiten der niederen Elemente" (GA 212, Seite 154).

„Wenn wir sozusagen lokalisieren wollen die drei höheren elementarischen Zustände, Lichtäther, Klangäther, Lebensäther, dann müßten wir sagen: die werden wir örtlich mehr in dem Sonnenhaften zu suchen haben. – Im Erdenhaften müssen wir das Erdige, Flüssige, Luftförmige suchen, die Wärme aber ist verteilt auf beides, auf das Erdenhafte und aufs Sonnenhafte" (GA 122, Seite 139).

„Der Mensch steht als ätherisches Wesen in einer ätherischen (elementarischen) Welt" (GA 17, Seite 24).

Weitere Details zu den hier verwendeten Begriffen findet man unter den Stichwörtern „Äther" und „Vier-Elemente-Lehre" in anthrowiki.at sowie in der Veröffentlichung von Ernst Marti: „Das Ätherische" (vgl. Marti 1994).

Es sei nochmals betont, dass sowohl die 4 Äther als auch die 4 Elemente übersinnlicher Natur sind (vgl. GA 13, Seite 54 f; GA 119, Seite 159 f; GA 122, Seite 81 f; GA 224, Seite 97 und GA 236, Seite 238 f).

Die beiden folgenden Tabellen veranschaulichen die Entwicklung der Äther und der Elemente zunächst in den großen Kreisläufen und dann als die entsprechenden Wiederholungen in den drei hier maßgeblichen Zeitaltern. Das Element Erde und der Lebensäther kommen als neue Zustände zuletzt hinzu: ab der Mitte des lemurischen Zeitalters.

Abb. 3: Die Entwicklung der Äther und der Elemente in den großen Kreisläufen

Alter Saturn	Alte Sonne	Alter Mond	Erde
			Lebensäther
		Schalläther	Schalläther
	Lichtäther	Lichtäther	Lichtäther
Wärmeäther und Wärmeelement	Wärmeäther und Wärmeelement	Wärmeäther und Wärmeelement	Wärmeäther und Wärmeelement
	Luftelement	Luftelement	Luftelement
		Wasserelement	Wasserelement
			Erdenelement

(vgl. GA 122, Seite 92)

Abb. 4: Die Entwicklung der Äther und der Elemente im polarischen, hyperboräischen und lemurischen Zeitalter

polarisches Zeitalter, 1. Hälfte — Wiederholung Alter Saturn	polarisches Zeitalter, ab der Mitte — Wiederholung Alte Sonne	hyperboräisches Zeitalter, ab der Mitte — Wiederholung Alter Mond	lemurisches Zeitalter, ab der Mitte — neu: ein Äther und ein Element
			Lebensäther
		Schalläther	Schalläther
	Lichtäther	Lichtäther	Lichtäther
Wärmeäther und Wärmeelement	Wärmeäther und Wärmeelement	Wärmeäther und Wärmeelement	Wärmeäther und Wärmeelement
	Luftelement	Luftelement	Luftelement
		Wasserelement	Wasserelement
			Erdenelement

(vgl. GA 13, Seiten 221, 223, 224 und 229)

4.4 Markante Ereignisse im polarischen, hyperboräischen und lemurischen Zeitalter

Abb. 5: Weitere Details zur Entwicklung des Sonnensystems und der Lebewesen im polarischen, hyperboräischen und lemurischen Zeitalter

Zeitalter	polarisches Zeitalter		Mitte des hyperboräischen Zeitalters	Mitte des lemurischen Zeitalters
	1. Hälfte	Mitte		
Äther und Elemente	Wärmeäther und Wärmeelement	Lichtäther und Luftelement treten hinzu	Klangäther und Wasserelement treten hinzu	Lebensäther und Erdenelement treten hinzu
Erde/ Sonnensystem	die Erde als ein großer Urkörper	Trennung des Uranus und des Saturn von der Erde	Trennung der Sonne und weiterer Planeten von der Erde	Trennung des Mondes von der Erde
physischer Leib des Menschen	Wärme-Leib	Wärme-Luft-Leib	Wärme-Luft-Wasser-Leib	Wärme-Luft-Wasser-Erden-Leib
Tierwelt		Vorfahren des Tierreichs	Luft- und Wassertier-Gattungen	Gattungen der Erdentiere
Pflanzenwelt			Vorfahren des Pflanzenreichs	Pflanzengattungen
Mineralreich				Beginn des Mineralreichs

In dieser Tabelle sind noch weitere Details zur Entwicklung der Erde bzw. des Sonnensystems in den genannten Zeitaltern hinzugefügt worden:

Das Sonnensystem besteht zunächst nur aus der Erde als einem großen Urkörper, einem Wärmekörper. In der Mitte des polarischen Zeitalters - als zur Wärme Licht und Luft hinzukommen – treten der Uranus und der Saturn aus dem gemeinsamen Urkörper aus. Etwa in der Mitte des hyperboräischen Zeitalters trennen sich zunächst der Jupiter und der Mars, dann die Sonne und danach noch die Venus und der Merkur vom verbleibenden Erdenkörper. Und schließlich trennt sich in der Mitte des lemurischen Zeitalters der Mond von der Erde.

Parallel zu diesen kosmischen Vorgängen entwickeln sich die Vorfahren des Menschen-, Tier- und Pflanzenreichs sowie das Mineralreich (vgl. GA 13, Seite 218 ff, GA 95, Seite 92 ff und GA 102, Seite 52 ff).

5. Steiners Zuordnung der sieben biblischen Schöpfungstage zum polarischen, hyperboräischen und lemurischen Zeitalter

5.1 Der erste Tag

Steiner nimmt in dem hier maßgeblichen Vortragszyklus drei verschiedene Zuordnungen des 1. Schöpfungstags zu den o.g. geisteswissenschaftlichen Zeitaltern vor:

a) Der erste Tag beginnt im polarischen Zeitalter: Wiederholung des alten Saturnzustands

Steiner sieht in folgenden Zuständen und Tätigkeiten am ersten Tag eine Wiederholung des alten Saturnzeitalters: „Finsternis über den flutenden Stoffen", „Tohuwabohu" und ausstrahlende Wärme der Elohim: Diese Geschehnisse fallen in das polarische Zeitalter.

„Nun aber, um das Folgende zu verstehen, was in den modernen Sprachen gewöhnlich so ausgedrückt wird: «Finsternis war über den flutenden Stoffen» oder «über den Wassern», um das zu verstehen, müssen wir uns noch ein anderes vor Augen führen. Wir müssen den Blick wiederum zurückwenden auf den Hergang der Entwickelung, bevor das Erdendasein gekommen war... Da haben wir zuerst das Saturndasein hereinwebend im feurigen Element" (GA 122, Seite 49).

„Ein Ineinanderweben also von Wärmezuständen war im alten Saturndasein vorhanden. Das wollen wir einmal ganz fest ins Auge fassen. Im Sinne der Genesis wiederholt sich innerhalb des Erdenwerdens dieser alte Saturnzustand, der, wie gesagt, ein Ineinanderweben von Wärme- oder Feuerverhältnissen ist. Das ist das erste, was wir festhalten wollen im elementarischen Dasein" (GA 122, Seite 79).

„In den Worten «Der Geist der Elohim durchstrahlte wärmebrütend das elementarische Dasein, oder die Wasser» haben Sie angedeutet die Wiederholung der alten Saturn-wärme" (GA 122, Seite 83).

„Und weil die Wesenheiten, welche in dem alten Saturn-zustand zurückgeblieben sind, sozusagen eine frühere Entwickelungsstufe darstellen, werden sie auch in der Wiederholung früher auftreten können als das Licht. Daher sehen wir ganz richtig, daß uns gleich in den ersten Versen der Genesis angekündigt wird, wie über den elementarischen Massen Finsternis herrscht. Das ist die Wiederholung saturnischen Daseins, aber zurückgebliebenen saturnischen Daseins. Das andere, das Sonnendasein, das muß warten" (GA 122, Seite 95).

„Und das, was man heute in phantastischer Weise als den Begriff der Materie bezeichnet, was überhaupt so, wie es vorgestellt wird, gar nicht vorhanden, sondern eine Illusion ist, das ist etwas, was sich als ein geistig-seelisches Wesen überall da verbirgt, wo der polarische Gegensatz des Lichtes, die Finsternis, auftritt... Also wir haben es zu tun, wenn von Finsternis gesprochen wird in der Genesis, mit der Offenbarung der zurückgebliebenen saturnischen Wesenheiten, und wenn von Licht gesprochen wird, haben wir es mit der Offenbarung der fortgeschrittenen Wesenheiten zu tun" (GA 122, Seite 97).

b) Der erste Tag umfasst auch die Entwicklung ab der Mitte des polarischen Zeitalters: Wiederholung des alten Sonnenzustands

Doch die Tätigkeiten der Elohim am ersten Tag gehen noch weiter: Das Licht tritt in Erscheinung und damit erfolgt eine Wiederholung des alten Sonnenzustands:

„Dann dringen wir vorwärts bis zum alten Sonnenzustand, dem zweiten der Entwickelungszustände unseres Planeten, und sprechen innerhalb des elementarischen Daseins davon, daß sich die Wärme verdichtet hat zu dem, was wir gasig oder luftförmig nennen können. Es ist in der alten Sonne vorhanden gewesen ein Durcheinanderweben von Wärme, Licht und Luft, und alles das, was da gelebt hat während dieses alten Sonnenzustandes, das offenbarte sich innerhalb dieser Zustände von Wärme, Licht und Luft" (GA 122, Seite 80).

„Der nächste Zustand müßte derjenige sein, der eine Wiederholung des alten Sonnendaseins darstellt. Nehmen wir jetzt zunächst nicht Rücksicht auf das, was wir im elementarischen Sonnendasein als einen Verdichtungszustand haben, was von der Wärme zur Luft wurde, sondern auf das, was als Verdünnung auftrat, auf das Lichtelement. Nehmen wir also die Tatsache, daß während des Sonnenhaften das Licht in unseren kosmischen Raum einschlägt, dann wird die Wiederholung dieses alten Sonnenzustandes im Erdenwerden das Einschlagen des Lichtes sein. Das ist gegeben in den urgewaltigen Worten «Und die Elohim sprachen: Es werde Licht! Und es ward Licht» (GA 122, Seite 83).

„Und wir haben gesehen, wie eine Art Wiederholung dieses lichtätherischen Zustandes da stattfindet, wo die Worte erklingen: «Und die Elohim sprachen: Es werde Licht! Und es ward Licht»" (GA 122, Seite 94).

c) Der erste Tag umfasst schließlich noch die Entwicklung in der Mitte des hyperboräischen Zeitalters: Die Trennung von Licht und Finsternis

Dann erfolgt die Trennung von Licht und Finsternis. Damit ist die Trennung der Sonne von der Erde etwa in der Mitte des hyperboräischen Zeitalters gemeint:

„Halten wir einmal diesen Moment fest, wo aus einem gemeinsamen planetarischen Verhältnis das Sonnenhafte heraustritt und fortan von außen seine Kräfte unserem Erdhaften zusendet. Halten wir daran fest, daß damals auch die Möglichkeit gegeben war, daß sich in dem Erdhaften das Feste, das, was wir heute im stofflichen Sinne das Feste nennen, vorbereitete, sich in dem Erdhaften gleichsam verdichtete. Halten wir diesen Moment fest, dann haben wir

denjenigen Zeitpunkt, in dem die Genesis, die Bibel, einsetzt"
(GA 122, Seite 35).

„Ich habe ja in einer gewissen Beziehung schon darauf
hingewiesen, indem ich sozusagen den Beginn der Genesis
hineinstellte in den Zeitpunkt, da Sonne und Erde sich
anschickten, sich voneinander zu trennen, aber wir werden
doch noch genauer auf dieses Verhältnis einzugehen haben"
(GA 122, Seite 159).

„Wir haben ja schon darauf hingewiesen, daß da, wo
sozusagen die ersten monumentalen Worte der Bibel einschlagen, jener Moment gemeint ist, welcher von uns geisteswissenschaftlich etwa mit den Worten angedeutet wird: Die
noch gemeinsame Erden-Sonnen-Substanz schickt sich an, in
eine Trennung einzutreten. Dann erfolgt diese Trennung, und
während der Trennungsvorgänge spielt sich das ab, was uns
die Genesis zunächst schildert" (GA 122, Seite 175).

5.2 Der zweite Tag

Zur Zuordnung des 2. Tages sagt Steiner:

„Was aber wird uns von jenem Momente unseres
Erdenwerdens gesagt, der auf die Lichtwerdung folgt? Da wird
uns gesagt, daß etwas erregt wurde durch die Elohim inmitten
der stofflichen elementarischen Massen, wodurch sich diese
elementarischen Massen, wie ich Ihnen gestern charakterisiert
habe, ordneten, indem sie nach oben strömten und nach
unten sich sammelten" (GA 122, Seite 83 f).

„Wie da der Staub sich ordnet, so wird nach aufwärts und
nach abwärts die elementarische Stoffmasse geordnet am
sogenannten zweiten Schöpfungstage. — So sehen wir also
das Eingreifen des Klangäthers nach dem Lichtäther innerhalb
der Genesis, und wir haben ganz sachgemäß mit dem

sogenannten zweiten Schöpfungstage dasjenige vor uns, was wir in einer gewissen Beziehung als eine Wiederholung des Mondendaseins auffassen müssen" (GA 122, Seite 84).

„Wir können sagen, daß im zweiten Momente die Elohim geschieden haben das Luftförmige vom Wäßrigen" (GA 122, Seite 70).

„So fällt der zweite Schöpfungstag mit einer ganz bestimmten Zeit zwischen Sonnen- und Mondentrennung von der Erde zusammen, mit dem Hinausgehen der Seelengeister des Menschen in die Umgebung der Erde" (GA 122, Seite 166).

„Damit weisen wir hin auf ein bedeutsames Ereignis, das sich in dem Verhältnis zwischen Mensch und Erde vollzogen hat während der Zeit, die zwischen der Sonnen- und der Mondentrennung liegt. Mit Ausnahme einer ganz geringen Zahl nahmen die menschlichen Seelengeister in dieser Zwischenzeit Abschied von den Erdenverhältnissen und drängten sich hinauf in höhere Regionen. Und je nach ihrer Entwickelungsstufe setzten nun diese Menschenseelengeister ihre Weiterentwickelung fort auf den Planeten, die zu unserem Erden-Sonnensystem gehören. Gewisse Seelengeister waren dazu veranlagt, auf dem Saturn, andere auf dem Mars, wieder andere auf dem Merkur und so weiter ihre Entwickelung zunächst fortzusetzen. Nur eine ganz geringe Anzahl stärkster menschlicher Seelengeister blieb mit der Erde in Verbindung. Die andern wurden in dieser Zwischenzeit Bewohner der planetarischen Nachbarn unserer Erde. Das war zu einer Zeit, die, wenn wir den gebräuchlichen Ausdruck anwenden, unserem lemurischen Zeitalter vorangegangen ist" (GA 122, Seite 161).

[Anmerkung des Verfassers: „Unserem lemurischen Zeitalter vorangegangen" ist das hyperboräische Zeitalter.]

5.3 Der dritte Tag

Zur Zuordnung des 3. Tages äußert sich Steiner wie folgt:

„So scheiden sie im dritten Momente innerhalb des Wasserhaften das, was wir jetzt als Wasser kennen, und etwas, was vorher noch nicht da war, eine neue Verdichtung, das Feste. Jetzt erst ist das Feste gegeben. Während des alten Mondenzustandes war dieses Feste, dieses Erdenhafte noch nicht vorhanden. Jetzt wird es ausgeschieden aus dem Wasserhaften" (GA 122, Seite 70).

„Wir haben also im dritten Momente des Erdenwerdens einen Verdichtungsprozeß und müßten sagen: So wie die Elohim im zweiten Momente geschieden haben die Luftelemente von den wässerigen, so scheiden sie jetzt im dritten Momente innerhalb der alten Mondensubstanz das neue Wasserhafte ab von dem Erdenhaften, das jetzt als etwas ganz Neues auftritt. - Alles das im Grunde genommen, was ich Ihnen bisher geschildert habe, war schon früher vorhanden, wenn auch in anderer Gestalt. Ein Neues ist erst das Erdenhafte, das Feste, das jetzt im dritten Momente der Genesis auftritt. Das aus dem Wasserhaften herausgesonderte Erdenhafte, das ist das Neue" (GA 122, Seite 70 f).

„Das Feste bringt jetzt aus sich selbst eine Wiederholung des Pflanzenhaften hervor. In wunderbar anschaulicher Art wird uns das geschildert, indem uns gesagt wird, daß Pflanzenhaftes hervorsprießt aus dem Erdenhaften, nachdem die Elohim das Erdenhafte abgetrennt haben von dem Wasserhaften. Das Hervorsprießen des Pflanzenhaften am sogenannten dritten Schöpfungstage ist also im Festen eine Wiederholung dessen, was schon während des alten Sonnenzustandes vorhanden war, gleichsam eine kosmische Erinnerung" (GA 122, Seite 71).

„Alles wiederholt sich in einer anderen Form. Noch immer ist es in einem Zustande, wo es noch nicht individuell ist wie auf unserer heutigen Erde. Ich habe deshalb ausdrücklich darauf aufmerksam gemacht, daß die einzelnen individuellen Pflanzenformen, die wir heute in der Sinneswelt draußen ergreifen, während des alten Sonnenzustandes noch nicht da waren, auch noch nicht während des alten Mondenzustandes und auch jetzt im Erdenzustand nicht, da, wo sich dieses Pflanzenhafte im Erdenhaften wiederholt" (GA 122, Seite 71).

„So finden wir also, daß in dem Momente, wo uns am sogenannten dritten Schöpfungstage geschildert wird, wie die Elohim aus dem Wäßrigen heraus das Feste, den vierten elementarischen Zustand absondern, in diesem festen Zustande, der allerdings in seiner elementarischen Grundform für ein äußeres Auge noch nicht sichtbar gewesen wäre, sondern nur für das hellseherische Auge, wiederholen die Artformen des Pflanzlichen" (GA 122, Seite 72, vgl. dort auch Seite 164).

„Indem wir dann zum vierten Zustand aufsteigen, zum eigent-lichen Erdenwerden, da fügen sich hinzu als neue Verdich-tungen und Verdünnungen dieser elementarischen Zustände nach unten und nach oben das Erdige oder das Feste und das, was wir den eigentlichen Lebensäther nennen, einen noch feineren Äther als den Tonäther" (GA 122, Seite 81).

„Dann haben wir gesehen, wie der Lebensäther einschlägt am sogenannten dritten Schöpfungstage, wo herauskommt aus dem Erdenhaften, aus dem neuen Zustand, alles das, was durch den Lebensäther bewirkt werden kann, das sprossende Grün" (GA 122, Seite 105).

„Wir haben also für diejenige Zeit, die uns geschildert wird als der dritte Schöpfungstag, ins Auge zu fassen, daß mit Ausnahme jener überdauernden Menschenseelengeister, von denen ich gesprochen habe, die Menschenseelengeister gar nicht auf der Erde, sondern in der Umgebung bei den Planeten waren, dort ihren Wohnsitz aufgeschlagen hatten und mit ihnen sich weiter entwickelten. Auf der Erde aber entwickelten sich mittlerweile diejenigen, die als die Stärksten, als die Tüchtigsten zurückgeblieben waren. Und ihre Entwickelung bestand darin, daß sie sich immer mehr und mehr umkleideten mit dem Stoffmaterial der Erde, daß sozusagen da unten auf der Erde auch das vorgebildet wurde, was wir jetzt während des Tages als unseren Ätherleib und unseren physischen Leib haben. Damit dieser Äther- und physische Leib alle Situationen der Erdenentwickelung mitmachen konnte, wurden eben einige Seelengeister auf der Erde erhalten. Dadurch wurde das, was herangebildet werden sollte für Äther- und physischen Leib, auch während die Mondenkräfte mit der Erde verbunden waren, fortgepflanzt" (GA 122, Seite 167 f).

5.4 Der vierte Tag

Den 4. Tag ordnet Steiner folgendermaßen ein:

„Und es ist gerade im Übergang vom sogenannten dritten zum vierten Schöpfungstage von großer Bedeutung, daß uns gesagt wird vom vierten, daß wirksam wurden von außen die Leuchtekräfte, die Leuchtewesenheiten, also gleichsam, daß so, wie im alten Mondenzustand die Sonne den Mond von außen beschien, ebenso nun Sonne und Mond die Erde von außen beschienen" (GA 122, Seite 104).
„Das, was da eintrat, das wird nun — sehen Sie sich unzählige Bibelübersetzungen an ! — gewöhnlich so übersetzt, daß man es im Deutschen wiedergeben kann mit den Worten: «Und die Elohim setzten die Zeichen für die Zeiten, Tag und Jahr.» — Und man könnte richtig übersetzen: Und die Elohim stellten an ihre Plätze hin die Ordner des Zeitenlaufes für die Wesen-

heiten der Erde, die Ordner besonders markanter Zeitpunkte, größerer oder kleinerer Zeiträume, was man so gewöhnlich mit «Jahr und Tag» wiedergibt" (GA 122, Seite 105 f).
„Damit haben wir also den vierten Schöpfungstag da hingestellt, wo während der lemurischen Zeit, nach dem Hinausgang des Mondes, jene Verhältnisse eintraten, die Sie geschildert finden in meiner «Geheimwissenschaft» und die wir damit bezeichnen können, daß wir sagen: Die menschlichen Seelengeister streben wiederum herunter auf die Erde" (GA 122, Seite 169).

5.5 Der fünfte Tag

Zur Zuordnung des 5. Tages sagt Steiner:

„Die Erde war in jener Zeit, die uns bezeichnet wird als der fünfte Schöpfungstag, mit Luft und Wasser erfüllt" (GA 122, Seite 149).
„Ein Tierhaftes, ein innerlich lebendig Tierhaftes, ein Wesenhaftes, das Bewußtsein in sich trägt, ist also daran gebunden, daß innerhalb des Erden- und des Sonnenhaften eine Trennung eintritt. Das Tierhafte trat während der alten Mondenzeit auf, und der Mensch selbst war heraufgebildet in bezug auf seine Leiblichkeit bis zum Tierhaften. Das Genauere darüber haben Sie ja in meiner «Geheimwissenschaft» beschrieben" (GA 122, Seite 67).
„Damit aber etwas Tierhaftes Platz finden kann auf unserer Erde, muß sich wiederholen, was man nennen kann ein Beschienenwerden von außen, ein Wirken der Kräfte von außen. Daher erzählt uns die Genesis ganz sachgemäß nichts von irgend etwas Tierartigem für die Zeiträume, wo sie uns noch nichts von den Kräften erzählt, die aus dem kosmischen Räume auf die Erde wirken. Sie erzählt uns da nur von

Pflanzenartigem. Alle Wesen, die in der Erdenbildung enthalten waren, waren auf der Stufe des Pflanzenartigen. Das Tierhafte konnte erst beginnen, als von der Umgebung her die Lichtwesen wirkten" (GA 122, Seite 105).

„Das Tierische kann sich noch nicht wiederholen. Wir haben es ja charakterisiert, daß es erst auftreten konnte während des alten Mondenzustandes, als eine Zweiheit eingetreten war, als das Sonnenhafte von außen hereinwirkte. Eine Wiederholung dieses Vorganges der Mondentrennung mußte also erst eintreten, bevor die Entwickelung von dem Pflanzenhaften zum Tierischen hinaufsteigen konnte. Daher wird jetzt nach dem dritten Schöpfungstag darauf hingedeutet, wie im Umkreis des Erdenhaften das äußere Sonnenhafte, Mondenhafte, Sternenhafte zu wirken beginnt, wie das, was von außen hereinstrahlt, was seine Kräfte von außen hereinsendet, zu wirken beginnt" (GA 122, Seite 72).

„In wunderbar sachgemäßer Weise wird deshalb am sogenannten fünften Schöpfungstage in der Genesis erzählt, wie das Gewimmel beginnt in Luft und Wasser. Da haben wir die Wiederholung der alten Mondenzeit, nur auf einer höheren Stufe, aus dem Erdenhaften heraus, in einer neuen Form" (GA 122, Seite 73).

„Der Mensch mußte noch im ätherischen Dasein verbleiben, während die anderen Wesenheiten schon sich physisch verdichteten im Luft- und Wasserkreis. Und weiter dürfen wir sagen: Es geschieht die Verdichtung des Menschen bis zum Ätherleib in derjenigen Zeitepoche, die wir in der Bibel den fünften Schöpfungstag nennen. — Da finden wir also den Menschen noch nicht unter den physischen Erdenwesen" (GA 122, Seite 151 f).

5.6 Der sechste Tag

Den 6. Tag ordnet Steiner wie folgt ein:

„Wenn wir die Sache so auffassen, dann sagen wir uns: In alledem, was nun auf diesen fünften Moment, den sogenannten fünften Schöpfungstag, folgte, da erst konnte etwas Neues eintreten. Denn das, was sich wiederholen mußte, hatte sich nun wiederholt. Das Erdenhafte selber, das als ein neues Element hervorgetreten war, konnte jetzt mit dem Tierischen und alledem, was sich als Neubildung herausentfaltete, bevölkert werden. Daher sehen wir mit einer grandiosen Sachlichkeit geschildert, wie im sogenannten sechsten Schöpfungstage dasjenige auftritt, was sozusagen mit seinem Dasein an das Erdenhafte gebunden ist als ein neues Element. Jenes Tierische, von dem wieder gesagt wird, daß es am sechsten Schöpfungstage in der Welt seine Entstehung hat, das ist an das Erdenhafte gebunden, das tritt als ein neues Element auf. So sehen wir, daß wir bis zum fünften Schöpfungstage eine Wiederholung des Früheren auf einer höheren Stufe haben, in einer neuen Gestalt, daß aber mit dem sechsten Schöpfungstage erst eigentlich das Wesenhafte des Erdigen eintritt, daß da hinzukommt, was erst durch die Bedingungen des Erdenhaften möglich ist" (GA 122, Seite 74).

„Wenn wir aber den Vorgang zeitlich betrachten, wenn wir gleichsam den Blick hinlenken auf das Erdenwerden, so müssen wir dennoch sagen: Bevor sichtbarlich der Mensch als Erdenwesen auftrat, sind die Tiere aufgetreten" (GA 122, Seite 148).

„Und auch während des sechsten Schöpfungstages stiegen zuerst die dem Menschen nächststehenden Tierwesen, die eigentlichen Erdentiere herunter" (GA 122, Seite 176).

„So haben wir also diesen Bericht der Genesis so aufzufassen, daß sich das ganze Weben und Wesen der Hierarchien hineinverflicht in das, was da geschieht, und daß sich das alles gleichsam zusammendichtet zu dem letzten Produkt des Erdenwerdens, zu jener übersinnlichen Wesenheit, denn zunächst ist es noch eine übersinnliche Wesenheit, von der gesagt wird, die Elohim beschlossen sie, indem sie sagten: Nun lasset uns den Menschen machen! — Da woben sie alles das, was sie im einzelnen konnten, zu einem Gesamtwerk zusammen" (GA 122, Seite 121).

„Die Genesis spricht da, wo sie von dem Menschenwerden zu sprechen beginnt, von Adam, und in gewissem Sinne ist in der alten Priestersprache des Hebräischen der Ausdruck Adam zusammenfallend mit unserem Ausdruck «der Mensch». Aber wir müssen diesen Ausdruck Adam genauer verstehen. Er rief in der Seele eines althebräischen Weisen eine Vorstellung hervor, die wir in der deutschen Sprache etwa wiedergeben könnten mit dem Worte «der Erdige». So wie Wasser erstarrt zu Eis, so haben wir uns etwa am sechsten Schöpfungstage durch das Werk der Elohim den seelisch-geistigen Menschen als erstarrend, gleichsam sich verdichtend zum Erdenmenschen vorzustellen. Also das Vorrücken zum sechsten Schöpfungstage ist ein Verdichten des geistig-seelischen Menschen zum dichten Erdenmenschen" (GA 122, Seite 143).

„Also den Menschen im dichten Fleisch zu suchen am sogenannten sechsten Schöpfungstage, das darf nimmermehr sein. Wir dürfen ihn als Erdenwesen suchen, im Physischen, wir müssen ihn jetzt sogar im Physischen suchen, aber nur in der feinsten physischen Manifestation, als Wärmemensch" (GA 122, Seite 152).

„In jenen Menschen, die als das gemeinsame Ziel der Elohim entstanden am sechsten Schöpfungstage, war diese Differenzierung, die Trennung in Mann und Frau, noch nicht vorhan-

den. Da hatten die Menschen noch eine gemeinsame Leiblichkeit... Jener Mensch also, der da entstand in dem Sinne, wie
die Bibel es durch die Elohim ausspricht: «Lasset uns den
Menschen machen!», der war noch nicht differenziert, sondern
männlich und weiblich zugleich, und es entstand durch diese
Schöpfung der Elohim der Mensch männlich-weiblich"
(GA 122, Seite 178).

„Das, was wir als den sechsten Schöpfungstag bezeichnen,
fällt also zeitlich zusammen mit unserer lemurischen Zeit, in
der wir vom männlich-weiblichen Menschen sprechen"
(GA 122, Seite 183).

„Der Mensch war eben noch nicht einmal ein gasiges
Wesen, nur ein Wärmewesen war er. Und der nächste Ver-
dichtungszustand kommt erst nach den Schöpfungstagen. Das
Einströmen dessen, was Jahve-Elohim geben konnte, der Luft,
das kommt erst, nachdem dieser sechste Schöpfungstag war"
(GA 122, Seite 153).

5.7 Der siebte Tag

Den 7. Schöpfungstag charakterisiert Steiner so:

„Nun ist ja in der Bibel noch gesprochen von einem siebenten
Schöpfungstage. Von diesem siebenten Schöpfungstage wird
uns gesagt, daß die Arbeit der Elohim ruhte. Was heißt denn
das eigentlich? Wie müssen wir diese weitere Erzählung
auffassen? Wir fassen sie im Sinne der Geisteswissenschaft
nur dann richtig auf, wenn wir uns klar sind, daß ja gerade
jetzt der Zeitpunkt heranrückt, wo die Elohim aufsteigen, wo
sie ihr Avancement durchmachen zu Jahve-Elohim" (GA 122,
Seite 183).

„Wir erkennen ja aus dem Berichte der Genesis, daß die
Elohim die großen, dirigierenden Kräfte waren. Und was von

diesen Elohimkräften jene große gewaltige Tatsache des Mondherausganges bewirkt und dadurch erst das eigentliche Wesen des Menschen herbeigeführt hat, das war nichts anderes, als was auch bewirkt hatte das kosmische Avancement der Elohim zu Jahve-Elohim, was hinaufgeführt hat das Wesen der Elohim zu Jahve-Elohim. Das blieb mit dem Monde vereint, das hat dann auch den Mond herausgeführt aus unserer Erde. Daher dürfen wir sagen: Mit dem, was wir als Mondleib innerhalb unserer Schöpfung finden, ist innig verbunden das, was wir als Jahve-Elohim bezeichnen" (GA 122, Seite 170 f).

„Dieses Aufsteigen [Anmerkung des Verfassers: gemeint ist ein kosmisches Avancement der Elohim zu Jahve-Elohim] mußten wir etwa zusammenfallend denken mit dem Beginne der Wirksamkeit des Mondes von außen" (GA 122, Seite 175).

5.8 Bewertungen des Verfassers

Steiners Ausführungen eröffnen ein vertieftes Verständnis der biblischen Darstellungen und sie enthalten zugleich wichtige Hinweise zur Parallelisierung der Schöpfungstage mit den geisteswissenschaftlichen Zeitaltern. Steiner legt besonderen Wert auf neue Vorstellungen zu den einzelnen biblischen Schilderungen. Es sei wichtig, zu den im 1. Kapitel des 1. Buches Mose verwendeten Begriffen, wie z.B. Himmel und Erde, Tag und Nacht, Firmament, Elemente Luft, Wasser und Erde, Pflanzen, Tiere sowie Mensch andere Anschauungen als die bisher üblichen zu entwickeln. Daher gibt er viele Erläuterungen zu diesen Begriffen und erklärt die damit verbundenen lebensvollen Bilder.

Vergleichsweise weniger Wert legt er auf eine verständliche chronologische Darstellung der Abläufe. Viele Aussagen, die in einem engen Zusammenhang stehen sollten, sind über die Vorträge zwei bis elf breit verteilt. Der Verfasser hat daher schon im vorangegangenen Abschnitt versucht, die verstreuten Aussagen zu den Schöpfungstagen sowohl inhaltlich zusammen zu stellen, als auch nach den in der Geheimwissenschaft beschriebenen Abläufen zu ordnen, soweit dies schon leicht möglich war. Dennoch ist es immer noch nicht einfach, die sieben Tage exakt auf die drei Zeitalter, nämlich auf das polarische, das hyperboräische Zeitalter und das lemurische Zeitalter zu verteilen.

Zum 1. Tag
Aus den Ausführungen im Vortragszyklus (GA 122) auf Seite 35 im zweiten Vortrag kann man entnehmen, dass der Beginn der Genesis etwa mit der Trennung der Sonne von der Erde einsetzen soll. Auf den Seiten 159 (10. Vortrag) und 175 (11. Vortrag) wird diese Aussage wiederholt. Dieser Trennungsvorgang liegt etwa in der Mitte des hyperboräischen Zeitalters (vgl. Abs. 4.4).
Andere Ausführungen Steiners zur „Finsternis über den flutenden Stoffen", zum „Tohuwabohu" und zur ausstrahlenden Wärme der Elohim lassen darauf schließen, dass der erste Schöpfungstag bereits mit der Wiederholung von alten Saturnzuständen beginnt. Diese Geschehnisse fallen in die erste Hälfte des polarischen Zeitalters.
Weitere Ausführungen zum ersten Schöpfungstag beschreiben das erste Auftreten des Lichtäthers parallel zur beginnenden Verdichtung der Wärme zur Luft. Die Erscheinung des Lichts entspricht einer Wiederholung des alten Sonnenzustands. Diese Entwicklung setzt etwa in der Mitte des polarischen Zeitalters ein.

Der Verfasser schließt aus diesen Aussagen Steiners, dass der Beginn der Genesis mit dem Beginn des polarischen Zeitalters gleichzusetzen ist (vgl. Abs. 4.3 und 4.4). Auf die Wiederholung des alten Saturnzustands in der ersten Hälfte des polarischen Zeitalters folgt in der Mitte dieses Zeitalters das erste Auftreten des Lichtäthers, während die Trennung von Licht und Finsternis (das ist die Trennung der Sonne von der Erde) erst etwa in der Mitte des hyperboräischen Zeitalters einsetzt.

Zum 2. Tag

Steiner legt den zweiten Schöpfungstag in eine bestimmte Zeit zwischen Sonnen- und Mondentrennung. Damit ist das hyperboräische Zeitalter gemeint.

Die Trennung der Elemente Luft und Wasser und das gleichzeitige erste Auftreten des Klangäthers erfolgen etwa in der Mitte des hyperboräischen Zeitalters und damit etwa gleichzeitig mit der Trennung der Sonne von der Erde.

Zum 3. Tag

Steiner nennt nicht das entsprechende Zeitalter des dritten Schöpfungstages, aber aus den Entwicklungen der Elemente und der Äther ergibt sich die folgende Zuordnung: Die Trennung der Elemente Wasser und Erde und das erste Erscheinen des Lebensäthers (verbunden mit dem Auftreten des „Pflanzenhaften") erfolgen etwa in der Mitte des lemurischen Zeitalters.

Aus Steiners Hinweisen auf die zunehmenden Verhärtungstendenzen und auf die noch bestehende Verbindung von Erde und Mondenkräften lässt sich schließen, dass ein Zeitraum kurz vor der Mondentrennung gemeint ist.

Zum 4. Tag

Den vierten Schöpfungstag setzt Steiner in das lemurische Zeitalter, ungefähr in die Zeit der Mondentrennung. Mit dem 4. Tag wirken Sonne, Mond und Planeten von außen. Die Mondentrennung erfolgt etwa in der Mitte des lemurischen Zeitalters.

Zum 5. Tag

Die Ausführungen Steiners zum fünften Schöpfungstag sind dem Verfasser allerdings nicht ganz verständlich. Sie stehen teilweise in erheblichem Widerspruch zu anderen Ausführungen im Vortragszyklus und zu anderen Darstellungen, z.B. zu denen in der Geheimwissenschaft.

Steiner lässt in gewohnter Reihenfolge den fünften auf den vierten Schöpfungstag folgen (vgl. GA 122, Seite 72 f). Da mit dem vierten Tag aber bereits die Mitte des lemurischen Zeitalters und damit die Mondentrennung erreicht ist, müsste dieser Abfolge gemäß der 5. Tag in der zweiten Hälfte des lemurischen Zeitalters liegen. Dies kann aus folgenden Gründen nicht zutreffen:

a) Mit der Mondentrennung ist bereits das „zeitliche" Ende der Genesisschilderung erreicht (vgl. Abs. 3, Ziff. 10 und GA 122, Seite 175).

b) Mit der Mondentrennung setzt schon die Wirksamkeit von Jahve-Elohim ein (vgl. GA 122, Seite 175).

c) Am 5. Tag war die Erde mit den Elementen Luft und Wasser erfüllt (vgl. GA 122, Seite 149); [also noch nicht mit dem Erdenelement !] Dieser Zustand begann bereits in der Mitte des hyperboräischen Zeitalters.

d) Bei den Vorgängen des 5. Schöpfungstags handelt es sich um Wiederholungen früherer Zustände (vgl. GA 122, Seite 74 f). Das neue Element, das Erdenelement, und die damit verbundenen neuen Entwicklungen waren noch nicht vorhanden.

e) Der Erdenmensch des 6. Schöpfungstages ist ein Zwitter. Erst mit der Mondentrennung setzt die Geschlechtertrennung ein. Also kann auch der 6. Schöpfungstag nur **vor** der Mondentrennung liegen und nicht danach (s.u.). Da der 5. Tag dem 6. vorausgeht, kann er ebenfalls nur **vor** der Mondentrennung liegen.

Auch mit weiteren Ausführungen auf Seite 72 muss man sich noch einmal auseinandersetzen. Steiner erinnert an die Entwicklungen während des <u>alten</u> Mondenzustands und führt aus, dass das „Tierische" erst nach der Trennung von Sonne und Mond (gemeint ist der <u>alte</u> Mond!) auftreten konnte (vgl. auch GA 13, Seiten, 190, 193 und 195, dort sind Pflanzentiere genannt, die nach dieser Trennung erscheinen).

Daran knüpft er an: „Eine Wiederholung dieses Vorganges der Mondentrennung mußte also erst eintreten, bevor die Entwickelung von dem Pflanzenhaften zum Tierischen hinaufsteigen konnte" (GA 122, Seite 72). Mit dieser Wiederholung im großen Kreislauf der heutigen Erde kann aber nicht die Trennung des heutigen Mondes in der Mitte der lemurischen Zeit gemeint sein, sondern die Trennung der heutigen Erde von der heutigen Sonne in der Mitte des hyperboräischen Zeitalters. Denn dem <u>alten Mond</u> entspricht die <u>heutige Erde</u> (zunächst mit eingeschlossenem Mond).

Wenn man hiervon ausgeht, dann ergibt der darauf folgende Satz keinen Sinn: „Daher wird jetzt nach dem dritten Schöpfungstag darauf hingedeutet, wie im Umkreis des Erdenhaften das äußere Sonnenhafte, Mondenhafte, Sternenhafte zu wirken beginnt, wie das, was von außen hereinstrahlt, was seine Kräfte von außen hereinsendet, zu wirken beginnt" (GA 122, Seite 72).

Für die hier gemeinte Entwicklung des „Tierischen" (Gattungsseelen der Tiere) war sicherlich das „äußere Sonnenhafte und Sternenhafte" die Voraussetzung. - Beispielsweise begann die Entwicklung der Fische mit der Trennung der Sonne von der Erde (vgl. GA 106, Seite 71) - . Diese Voraussetzung war bereits mit der Trennung von Licht und Finsternis am 1. Schöpfungstag geschaffen worden. Dagegen war das „äußere Mondenhafte" des 4. Schöpfungstages und damit die Trennung des heutigen Mondes von der Erde für die hier gemeinte Entwicklung des Tierischen nicht erforderlich.

Aus alledem ergibt sich: Wenn man die klare Folge der in der Geheimwissenschaft geschilderten Abläufe zugrunde legt, kann man den 5. Schöpfungstag nicht in gewohnter Weise an den 4. anschließen und ihn damit auch nicht der 2. Hälfte des lemurischen Zeitalters zuordnen!

Zum 6. Tag

Der 6. Schöpfungstag liegt – wie Steiner sagt – im lemurischen Zeitalter. Leider gibt er hierzu keine genauere Angabe. Aus folgenden Gründen ergibt sich aber, dass nur ein „Zeitraum" kurz vor der Mondentrennung – also kurz vor der Mitte des lemurischen Zeitalters – in Frage kommt: Die Erde kommt als neues Element hinzu, jetzt treten die Erdentiere auf; und der von den Elohim gestaltete Mensch ist der „Erdige". Dieser „Erdenmensch" ist ein Zwitter, die Geschlechtertrennung setzt erst etwas später - nämlich mit der Mondentrennung – ein (vgl. GA 94, Seite 166 f und GA 107, Seite 138).

Dieser „Erdenmensch" darf nicht verwechselt werden mit dem heutigen Erdenmenschen. Die menschliche Gestalt ist zu dieser Zeit noch eine ganz andere als in späteren Zeiten. Man muss sich den menschlichen Leib noch weich und bildsam -

auf der Stufe eines großen Molches - vorstellen (vgl. GA 11, Seite 75 f und GA 106, Seite 89 f).

Zum 7. Tag

Aus den Worten Steiners ergibt sich, dass der 7. Tag etwa mit der Zeit der Mondentrennung zusammenfällt und damit in der Mitte des lemurischen Zeitalters liegt (vgl. GA 122, S. 170 f).

Insgesamt sollte deutlich geworden sein, dass es nach den Ausführungen Steiners immer noch eine Herausforderung bleibt, die Schöpfungstage den geisteswissenschaftlichen Zeitaltern exakt zuzuordnen. Bei der angestrebten Zuordnung treten „zeitliche" Überschneidungen* zutage, die dazu führen, dass man die übliche Reihenfolge der Schöpfungstage durchbrechen muss, um die angestrebte Parallelisierung vornehmen zu können.

* Es ist möglich, dass diese Überschneidungen den von Steiner in Abs. 3, Ziff. 13 genannten übereinandergreifenden Wiederholungen entsprechen.

6. Vorschlag des Verfassers zur Zuordnung

Aufbauend auf den vorangegangenen Bewertungen soll im Folgenden ein Konzept vorgestellt werden, wie die einzelnen Schöpfungstage in die geisteswissenschaftlichen Zeitalter eingeordnet werden können.

Zusätzlich soll dabei noch die folgende Ordnung berücksichtigt werden, die dem Verfasser in der biblischen Schöpfungs-geschichte aufgefallen ist:

- Die Schöpfungstage 1, 4 und 7 behandeln das gesamte Sonnensystem bzw. die Schöpfung als Ganzes.
- Die Schöpfungstage 2 und 5 beziehen sich dagegen nur auf die Elemente Luft und Wasser sowie die Tierwelt in diesen Elementen.
- Die Schöpfungstage 3 und 6 nennen das neu hinzu kom-mende Erden-Element sowie die Erden-Pflanzen, die Erden-Tiere und den Erden-Menschen.

In der folgenden Tabelle sind oben die drei maßgeblichen Zeitalter eingetragen. Darunter befindet sich ein Vorschlag zur Zuordnung der biblischen Schöpfungstage:

Abb. 6: Vorschlag zur Zuordnung der Schöpfungstage zu den geisteswissenschaftlichen Zeitaltern

polarisches Zeitalter Mitte	hyperboräisches Zeitalter Mitte	lemurisches Zeitalter Mitte
<<<<<<<<<<< 1. Tag >>>>>>>>>>>>	2. Tag >>>>>>>>>>>>> 5. Tag >>>>>>>>>>>>>	3. Tag / 6. Tag 4. Tag / 7. Tag
Tohu-wabohu, Finsternis, die Elohim brüten — Es ward Licht	Trennung Licht/Finsternis (Trennung Sonne/Planeten)	alle Lichter am Himmel (Trennung Erde/Mond)
	Trennung Luft/Wasser	Trennung Wasser/Erde
		Pflanzenarten
	Vogel- und Wasser-tierarten	erdgebundene Tierarten
		Mensch männlich-weiblich
		Vollendung der Schöpfung die Elohim ruhen

Die hier vorgeschlagene Zuordnung der Schöpfungstage erscheint sicherlich ungewohnt; sie soll daher ergänzend begründet werden:

Der **1. Schöpfungstag** erstreckt sich vom Beginn des polarischen bis zur Mitte des hyperboräischen Zeitalters.
Was hier als Erde bezeichnet wird, ist noch weit vom heutigen Zustand der Erde entfernt. Es handelt sich um einen elementarischen Zustand des Urkörpers (Wärmekörper) des gesamten Sonnensystems. In der Finsternis herrscht ein bewegtes elementarisches Dasein - ein Tohuwabohu - und der Geist der Elohim schwebt bzw. brütet darüber. Das Brüten entspricht der wörtlichen Übersetzung; es weist auf eine aus-strahlende Wärme hin und erinnert an die Wärmezustände, wie sie bereits auf dem Alten Saturn herrschten und erneut in der ersten Hälfte des polarischen Zeitalters auftreten (vgl. GA 122, Seiten 53, 83 und 95).
Dann heißt es: „Es werde Licht! Und es ward Licht."
Hier ist zunächst nicht eine Verdichtung von der Wärme zur Luft, sondern eine Verdünnung des Äthers zum Licht ange-sprochen. Dies geschieht in der Mitte des polarischen Zeit-alters (vgl. Abb. 4). Mit der Erscheinung des Lichts wiederholt sich der Alte Sonnenzustand (vgl. GA 122, Seite 83).
Die **Trennung** von Licht und Finsternis - gemeint ist die Trennung der Sonne und weiterer Planeten von der Erde (vgl. GA 122, Seite 159) - geschieht erst in der Mitte des hyperboräischen Zeitalters!

Der **2. Schöpfungstag** erstreckt sich etwa von der Mitte des hyperboräischen Zeitalters bis in die erste Hälfte des lemuri-schen Zeitalters hinein.

Die Elohim erregen Klang in den elementarischen Stoff-massen, so dass diese sich in Luft- und Wassermassen trennen. Dies geschieht etwa in der Mitte des hyperboräischen Zeitalters (vgl. Abb. 4 und GA 122, Seite 166).

Wie schon ausgeführt, führen diese Entwicklungen der elementarischen und ätherischen Zustände auch zur Trennung von Licht und Finsternis (Trennung der Sonne und weiterer Planeten von der Erde). Somit überlagern sich die Ereignisse des 1. und des 2. Schöpfungstages teilweise.

Der **3. Schöpfungstag** liegt etwas vor der Mitte des lemurischen Zeitalters.

An diesem Tag beginnt die Trennung von Wasser und Erde. „Das Erdige" tritt erstmals als eine neue Verdichtung auf. Diese Entwicklung beginnt kurz vor der Mitte des lemurischen Zeitalters (vgl. Abb. 4 und GA 122, Seite 70).

Doch der 3. Schöpfungstag geht noch weiter: Die Erde lässt Pflanzen aufgehen, eine jegliche nach ihrer Art (Gattungs-seelen) (vgl. GA 122, Seiten 71, 72 und 85).

Diese Entwicklung beginnt ebenfalls etwas vor der Mitte des lemurischen Zeitalters.

Der **4. Schöpfungstag** liegt in der Mitte des lemurischen Zeitalters.

Die Elohim sprachen: Es werden Lichter an der Feste des Himmels. Wenn man den 4. Schöpfungstag so versteht, dass nun die Trennung aller Himmelskörper – einschließlich Mond – vollendet wird (vgl. GA 122, Seiten 104 und 168), so kann dieser Zeitpunkt nur in der Mitte des lemurischen Zeitalters liegen.

Am **5. Schöpfungstag** werden die Luft- und Wassertiere gebildet (vgl. GA 122, Seiten 73 und 149). Beachtet man auch Steiners Aussage, dass die Erde an diesem Tag mit Luft und Wasser erfüllt war (also noch nicht mit Erde! - vgl. GA 122, Seite 149), so kann der 5. Schöpfungstag nur mit dem 2. überlagert werden. D.h. der 5. Schöpfungstag beginnt - wie der 2. - etwa in der Mitte des hyperboräischen Zeitalters und endet in der ersten Hälfte des lemurischen Zeitalters.

Der **6. Schöpfungstag** liegt - wie der 3. - etwas vor der Mitte des lemurischen Zeitalters. Am 6. Schöpfungstag bringt die Erde die Erdentiere als Gattungsseelen hervor (vgl. GA 122, Seite 177).

Doch am 6. Schöpfungstag geschieht noch etwas Wesentliches: Die Elohim schaffen den männlich-weiblichen Erden-Menschen. Sein phys. Leib ist geschlechtlich undifferenziert, er ist ein Zwitter (vgl. GA 122, Seiten 178 und 183). Die geschlechtliche Differenzierung erfolgt erst nach den sieben Schöpfungstagen (vgl. GA 13, Seite 213).

Ergänzend führt Steiner aus: Der 6. Schöpfungstag fällt in die lemurische Zeit (vgl. GA 122, Seite 183). Bei einer genaueren Einordnung kann man nur von einer Überlagerung des 6. mit dem 3. Schöpfungstag ausgehen – zu der Zeit als das Erdige erstmals auftritt – somit kurz vor der Mitte des lemurischen Zeitalters (vgl. GA 122, Seiten 70 und 74).

Bei der hier vorgeschlagenen Überlagerung wird wiederum die Parallelität der Entwicklungen der Äther und Elemente einerseits sowie der Lebewesen – einschließlich Mensch – andererseits erkennbar (vgl. Abs. 3, Ziff. 14).

Der **7. Schöpfungstag** folgt direkt auf den 4. in der Mitte des lemurischen Zeitalters. Als die Elohim Ihr Werk vollendet haben, ruhen sie.

Steiner sagt dazu: Sie entwickeln sich selbst weiter. Sie bilden eine Einheit, sie werden Jahve-Elohim (vgl. GA 122, S. 123 f). Dieses Aufsteigen der Elohim fällt zusammen mit dem Beginn der Wirksamkeit des Mondes von außen (vgl. GA 122, Seiten 170, 171, 175 und 176). Damit fällt auch der 7. Schöpfungstag in die Mitte der lemurischen Zeit.

Es dürfte deutlich geworden sein, dass Steiner die hier vorgeschlagene Überlagerung der Schöpfungstage so nicht dargestellt hat. Der Verfasser ist aber davon überzeugt, dass Steiners Ausführungen im genannten Vortragszyklus so verstanden und geordnet werden können. Denn so lassen sich diese Vortragsinhalte mit seinen anderen Veröffentlichungen, insbesondere denen in der Geheimwissenschaft, zur Deckung bringen.

Als Ergebnis kann man festhalten, dass sich die sieben biblischen Schöpfungstage mit den drei genannten geisteswissenschaftlichen Zeitaltern zur Deckung bringen lassen, wenn man eine teilweise Überlagerung der Vorgänge in den Schöpfungstagen zugrunde legt.

7. Hinweise zu den Geschehnissen nach den sieben Schöpfungstagen

Die biblischen Schilderungen nach den sieben Schöpfungstagen sollen hier nicht im einzelnen betrachtet und zugeordnet werden. Es sollen hier nur die folgenden Hinweise angeschlossen werden.

In Abs. 3, Nr. 10 wurde Steiner bereits wie folgt zitiert: „Alles das ist mit dieser Genesisschilderung gemeint, was da erfolgt bis hinein in die lemurischen Zeiten, bis zur Mondentrennung" (GA 122, Seite 175).

Steiner führt dann weiter aus: „Und was dann nach vollzogener Mondentrennung von uns geisteswissenschaftlich geschildert wird als der Verlauf der lemurischen Zeiten, als das Anbrechen der atlantischen Zeiten, das haben wir in der Schilderung zu suchen, die da folgt auf die Schöpfungstage." (GA 122, Seite 175)

Damit wird bestätigt, dass das Werk der Elohim in den sieben Schöpfungstagen mit der Mondentrennung endet und somit die direkt an die Schöpfungstage anschließenden Entwicklungen in die zweite Hälfte des lemurischen Zeitalters fallen.

Die Bedeutung dieses Übergangs von den Elohim zu Jahve-Elohim in der Mitte des lemurischen Zeitalters wird auch durch die folgenden Worte Steiners deutlich:

„Alles das, was sich auf die Schöpfungstage selber bezieht, was sozusagen das Werk der Elohim ist vor ihrem Aufrücken zu Jahve-Elohim, müssen wir uns so vorstellen, daß es gewissermaßen in geistigen, höheren Regionen vor sich geht, und das, was wir heute physisch beobachten können in der Menschenwelt, das tritt erst ein durch das Werk von Jahve-Elohim" (GA 122, Seite 181).

Zum weiteren Ablauf der Schöpfung ab der Mitte des lemurischen Zeitalters:

Jahve-Elohim setzt das Werk der Elohim fort. Der Mensch erhält den „Odem des Lebens" – wie die Bibel berichtet. Steiner erläutert diesen Vorgang als Einprägung eines höheren Gliedes, als „die Anlage zur Ich-Natur" (vgl. GA 122, Seite 180 f und anthrowiki.at: Stichwort: Neschama).

Der Mensch lebt im Paradies. Die Geschlechtertrennung beginnt.

Es folgt der Sündenfall mit weitreichenden Konsequenzen nicht nur für die Menschen, sondern auch für die Entwicklung der gesamten Erde und aller Lebewesen. Man muss sich darüber im Klaren sein, dass durch den Einfluss der Schlange (Luzifer) wesentliche Änderungen der Menschheits- und Erdenentwicklung vor sich gegangen sind. Der luziferische Einfluss zählt zu den die Erde konstituierenden Kräften (vgl. GA 13, S. 229 ff, GA 122, Seite 156 und GA 175, Seite 237). Das Mineralreich wird physisch-materiell. Der Ackerboden wird verflucht; auch die gesamte Kreatur wird der Vergänglichkeit unterworfen, wie es Paulus in den Versen 19 bis 22 im 8. Kapitel seines Briefes an die Römer ausdrückt. Die Schilderungen der Geisteswissenschaft stimmen mit denen der Bibel überein. Diese Ereignisse vollziehen sich bzw. sie beginnen in der Mitte des lemurischen Zeitalters.

Die Bibel berichtet ferner,
- dass Sträucher und Kräuter zunächst noch nicht auf der Erde waren,
- dass dann ein Nebel aufsteigt, der das Land befeuchtet und
- dass Jahve-Elohim aus Erde alle die Tiere auf dem Felde und alle die Vögel unter dem Himmel machte.

Es ist naheliegend, dass diese Geschehnisse und Taten ebenfalls in der 2. Hälfte des lemurischen Zeitalters einsetzen. Nun beginnt das physisch-materielle Dasein der Lebewesen auf der Erde. Was vorher in ätherischen und elementarischen Zuständen vorbereitet worden war, wird nun von Jahve-Elohim aus Erde gemacht, d.h. weiter entwickelt und dabei – auch unter dem Einfluss Luzifers und später Ahrimans - weiter verdichtet (vgl. GA 122, Seite 163 f sowie GA 13, Seiten 246 f, 269 f und 290).

Abschließend lässt sich feststellen, dass die Trennung des Mondes von der Erde einen ganz wesentlichen Wendepunkt in der Welt- und Menschheitsentwicklung darstellt (vgl. auch GA 112, Seite 80). Die sechs bzw. sieben Schöpfungstage des 1. Buch Mose Kap.1 reichen bis zu dieser Trennung und damit bis zur Mitte des lemurischen Zeitalters. Die weiteren in der Bibel geschilderten Vorgänge folgen danach. Etwa mit der Mondentrennung setzt auch die geologisch-paläontologische Entwicklung ein (vgl. Brandt 2022).

Literaturverzeichnis

Die verwendeten Werke Rudolf Steiners wurden zitiert aus dem Archiv der „Freien Verwaltung des Nachlasses Rudolf Steiners" (http://fvn-rs.net):

GA 11 Aus der Akasha-Chronik

GA 13 Die Geheimwissenschaft im Umriß

GA 17 Die Schwelle der geistigen Welt

GA 88 Vortrag vom 08.12.1903: Kosmologie nach der Genesis

GA 89 Vortrag vom 09.06.1904: ohne Titel

GA 94 Kosmogonie

GA 95 Vor dem Tore der Theosophie

GA 98 Natur- und Geistwesen - ihr Wirken in unserer sichtbaren Welt

GA 101 Vortrag vom 13.11.1907: Die ersten Kapitel der Genesis

GA 102 Das Hereinwirken geistiger Wesenheiten in den Menschen

GA 104 Die Apokalypse des Johannes

GA 106 Ägyptische Mythen und Mysterien

GA 107 Geisteswissenschaftliche Menschenkunde

GA 112 Das Johannes-Evangelium

GA 119 Makrokosmos und Mikrokosmos

GA 122 Die Geheimnisse der biblischen Schöpfungs- geschichte

GA 147 Die Geheimnisse der Schwelle

GA 175 Bausteine zu einer Erkenntnis des Mysteriums von Golgatha - Kosmische und menschliche Metamor- phose

GA 212 Menschliches Seelenleben und Geistesstreben im Zusammenhange mit Welt- und Erdentwickelung

GA 224   Die menschliche Seele in ihrem Zusammenhang mit
         göttlich-geistigen Individualitäten
GA 236   Esoterische Betrachtungen karmischer Zusammen-
         hänge aus dem Jahre 1924 - Die kosmische Form
         des Karma und die individuelle Betrachtung karmi-
         scher Zusammenhänge

Bibelausgaben, Bibelübersetzungen

Jubiläumsbibel, Heilige Schrift des Alten und Neuen Testaments nach der deutschen Übersetzung Martin Luthers mit
erklärenden Anmerkungen.-
Württembergische Bibelanstalt, Stuttgart,1964

Einheitsübersetzung (Universität Innsbruck 2008) und
Katholische Pfarrei St. Jakobus, Ockstadt, 2020:
(https://www.uibk.ac.at/theol/leseraum/bibel/gen1.html) und
https://bistummainz.de/pfarrei/ockstadt/lebensthemen/Ihr-
persoenlicher-Fuehrerschein-fuer-den-Glauben/einsteigen/
genesis---mose-1-kapitel-1-und-2/

Zürcher Bibel (1942): Württembergische Bibelanstalt,
Stuttgart, 1975

Buber, M. und Rosenzweig, F.: Verdeutschung der Schrift
Gütersloher Verlagshaus, Gütersloh 2007
https://medien.umbreitkatalog.de/pdfzentrale/978/357/906/Les
eprobe_I_9783579064482.pdf

Klemp, Eberhard: Das Schöpfungs-Wort – Eine Übertragung
aus Genesis, Kapitel 1 bis 9 nach dem Hebräischen (1995);
Selbstverlag; Herausgeber: Die Christengemeinschaft Krefeld

Andere Autoren

Bräumer, H. (1986): Das erste Buch Mose.- R. Brockhaus
    Verlag, 2. Auflage, Wuppertal

Brandt, H. (2022): Zur Zuordnung anthroposophisch-geistes-
    wissenschaftlicher Zeitalter zur geologischen Zeit-
    skala – Blick auf eine kontroverse Diskussion am
    Beispiel des Mondenaustritts.- in: Elemente der
    Naturwissenschaft 116, Dornach/Schweiz

Marti, E. (1994): Das Ätherische.- 2. Auflage, Rudolf Steiner
    Verlag, Dornach/Schweiz

https://anthrowiki.at (AnthroWiki ist ein online verfügbares
    Fachlexikon für Anthroposophie.)

Autobiographische Notiz

Harald Brandt wurde am 24.11.1947 in Salzgitter geboren. Seine Kindheits- und Jugendzeit verbrachte er in Korbach (Nordhessen).

Er studierte in Hannover Naturschutz und Landschaftspflege und schloss 1976 das Studium als Dipl.-Ing. ab. Nach einer Referendarausbildung war er acht Jahre bei der Hessischen Landesanstalt für Umwelt in Wiesbaden als Dezernent für Landschaftsplanung und Eingriffe in die Landschaft tätig.

Von 1989 bis zur Pensionierung im Jahre 2012 leitete er die obere Naturschutzbehörde bei der Bezirksregierung in Köln.

Während seines Studiums in Hannover wirkte er in einem studentischen Arbeitskreis für Anthroposophie mit und lernte die biologisch-dynamische Landwirtschaft kennen. Seit dieser Zeit beschäftigt er sich mit Fragen der Schöpfung und der Evolution.

Ab dem Jahre 2013 ist er regelmäßiger Gast im Rudolf Steiner Zweig in Köln.

Im Jahre 2022 veröffentlichte er in den "Elementen der Natur-wissenschaft" (Dornach) einen Beitrag „Zur Zuordnung anthroposophisch-geisteswissenschaftlicher Zeitalter zur geologischen Zeitskala - Blick auf eine kontroverse Diskussion am Beispiel des Mondenaustritts".

Harald Brandt ist verheiratet und lebt in Köln.